GARNELEN-TOAST-MUFFINS

2 getrocknete Tomaten in Öl

1 Frühlingszwiebel

5 Eier

Salz

Pfeffer

6 Scheiben Sandwichtoastbrot (à ca. 11 × 11 cm)

100 g eingelegte Garnelen (Kühlregal)

Backofen auf 180° vorheizen. Tomaten würfeln. Frühlingszwiebel waschen, putzen, in Ringe schneiden. Mit Tomaten mischen. Eier verquirlen, würzen. Toasts mit dem Nudelholz sehr flach rollen, in 6 gefettete Muffinmulden drücken. Garnelen und Tomaten-Mix darauf verteilen. Eier darübergießen. Im Ofen (Mitte) 20–25 Min. backen.

MIT FLEISCH & FISCH

Für 2 Personen • 20 Min. Zubereitung • 30 Min. Backen • Pro Portion ca. 770 kcal, 48 g E, 38 g F, 58 g KH

GYROS-AUFLAUF

AUS GRIECHENLAND

1 Zwiebel (ca. 80 g)
2 Knoblauchzehen
250 g Schweinefilet
2 TL Gyrosgewürzzubereitung
60 g Sahne
1 Glas ganze Champignons (200 g Abtropfgewicht)
1 rote Paprika (ca. 230 g)
150 g Crème fraîche
2 TL Tomatenmark
Salz, Pfeffer
1 Pck. 2-Minuten-Express-Parboiledreis (250 g)
60 g geriebener Gouda

1 Den Backofen auf 180° vorheizen. Die Zwiebel schälen und in feine Streifen schneiden. Den Knoblauch schälen und durchpressen. Das Fleisch abtupfen und in Streifen schneiden. Mit Zwiebel, Knoblauch, Gewürzzubereitung und Sahne vermischen.

2 Die Champignons abspülen und abtropfen lassen. Die Paprika waschen, halbieren, weiße Trennwände und Kerne entfernen und in dünne Streifen schneiden. Crème fraîche mit ca. 70 ml Wasser und Tomatenmark verrühren. Mit Fleisch-Mix, Paprika und Champignons vermischen. Mit Salz und Pfeffer würzen.

3 Reis im Beutel etwas durchkneten, um ihn zu lockern. Reis in einer gefetteten Auflaufform (ca. 18 × 28 cm) verteilen. Fleisch-Paprika-Mischung darauf verteilen und gleichmäßig flach andrücken. Den Gyros-Auflauf im Ofen (Mitte) ca. 30 Min. backen. Nach ca. 20 Min. Garzeit mit Gouda bestreuen und zu Ende backen.

Für 2 Personen • 20 Min. Zubereitung • 25 Min. Backen • Pro Portion ca. 765 kcal, 31 g E, 35 g F, 83 g KH

SÜSSKARTOFFELN MIT LAMM

HERBST-REZEPT

2 Bio-Süßkartoffeln (à ca. 320 g)
2 EL Olivenöl
160 g Lammfilet
1 rote Zwiebel (ca. 80 g)
1 Knoblauchzehe
1 TL getrockneter Rosmarin
Salz, Pfeffer
70 g Crème fraîche
40 g fein geriebener Bergkäse
1 Eigelb
1 TL mildes Currypulver
1 Zweig Rosmarin (nach Belieben)

1 Den Backofen auf 180° vorheizen. Die Süßkartoffeln waschen, trocken tupfen und längs in Scheiben (ca. 1 cm dick) schneiden (Bio-Ware muss nicht geschält werden!). Scheiben auf einem mit Backpapier belegten Backblech verteilen. Mit 1 EL Öl bestreichen.

2 Fleisch abtupfen und in Stücke (0,5–1 cm breit) schneiden. Die Zwiebel schälen und in Ringe schneiden. Den Knoblauch schälen und durch eine Knoblauchpresse drücken. Fleisch, Zwiebel, Knoblauch, Rosmarin und 1 EL Öl vermischen. Mit Salz und Pfeffer würzen.

3 Crème fraîche, Bergkäse, Eigelb und Curry verrühren. Mit Salz würzen. Fleischmix auf den Süßkartoffeln verteilen. Im Ofen (Mitte) 20–25 Min. backen. Das Backblech nach ca. 10 Min. Backzeit herausnehmen und die Käsecreme auf den Kartoffeln verteilen. Kartoffeln zu Ende backen. Nach Belieben mit Rosmarin garnieren.

Für 2 Personen • 20 Min. Zubereitung • 30 Min. Backen • Pro Portion ca. 740 kcal, 49 g E, 39 g F, 46 g KH

STROGANOFF-SPÄTZLE

KLASSIKER

300 g Rinderfilet
2 EL Öl
80 g Schalotten
120 g weiße Champignons
80 g Gewürzgurken (aus dem Glas)
100 g Crème fraîche
15 g mittelscharfer Senf
Salz, Pfeffer
300 g frische Eierspätzle (Kühlregal)
30 g geriebener Gouda
1 EL Schnittlauchröllchen

1 Rinderfilet mit Küchenpapier abtupfen und in Streifen schneiden. Filetstreifen mit Öl vermischen. Die Schalotten schälen und grob hacken. Die Pilze mit einem feuchten Küchenpapier abwischen, die Stielenden abschneiden. Pilze grob hacken. Die Gewürzgurken in Scheiben schneiden.

2 Den Backofen auf 180° vorheizen. Eine Auflaufform (ca. 18 × 30 cm) mit in den Ofen stellen. Schalotten, Champignons, Crème fraîche, Senf und ca. 60 ml Wasser fein pürieren. Mit Salz und Pfeffer würzen. Die Hälfte der Gurkenscheiben zum Garnieren beiseitelegen. Übrige Gurken mit püriertem Pilz-Mix und Spätzle vermischen.

3 Die heiße Auflaufform vorsichtig aus dem Ofen nehmen. Rinderfiletstreifen gleichmäßig darin verteilen. Im vorgeheizten Ofen (Mitte) 5–10 Min. backen. Form vorsichtig herausnehmen. Spätzlemischung unterheben. Alles mit Gouda bestreuen. Ca. 15–20 Min. weiterbacken. Stroganoff-Spätzle mit beiseitegelegten Gurkenscheiben und Schnittlauch garnieren.

GU CLOU

Die Schalotten werden mit den Champignons und der Crème fraîche fein püriert. Dadurch gart die Geschmackskombination saucenartig und entfaltet ihr wunderbares Aroma mit den Spätzle.

Für 2 Personen • 20 Min. Zubereitung • 30 Min. Backen • Pro Portion ca. 545 kcal, 47 g E, 36 g F, 9 g KH

TOMATEN-PESTO-HÄHNCHEN

KLASSIKER

2 Hähnchenbrustfilets ohne Haut (à ca. 140 g)
4 TL grünes Pesto (aus dem Glas)
1 Knoblauchzehe
100 g Sahne
100 g Doppelrahmfrischkäse
3 Frühlingszwiebeln
150 g Kirschtomaten
2 Stängel Basilikum
1 EL Kapern
Salz, Pfeffer
40 g geriebener Pecorino

GUT ZU WISSEN
Noch schneller ist der Knoblauch verarbeitet, wenn man die Zehe nur halbiert und gleich durch die Knoblauchpresse drückt. Die Schale verbleibt im Küchenhelfer und kann anschließend ganz einfach entsorgt werden.

1 Den Backofen auf 180° vorheizen. Hähnchenfilets mit Küchenpapier abtupfen, evtl. etwas flacher klopfen und der Länge nach durchschneiden. Hähnchenfilets in eine ovale Auflaufform (ca. 28 cm lang) legen und das Pesto darauf verteilen. Kurz bei Zimmertemperatur ziehen lassen.

2 Den Knoblauch schälen und durch eine Knoblauchpresse direkt in die Sahne drücken. Den Frischkäse und 3–4 EL kaltes Wasser unterrühren. Die Frühlingszwiebeln waschen, putzen und in Stücke (ca. 1 cm breit) schneiden. Die Tomaten waschen, trocken tupfen und halbieren. Basilikum waschen, trocken schütteln und Blätter abzupfen.

3 Die Frischkäsemischung mit Kapern, Frühlingszwiebeln und Tomaten verrühren. Mit Salz und Pfeffer würzen. Käsemischung über die Hähnchenfilets in die Form gießen. Pecorino auf die Filets streuen. Im vorgeheizten Ofen (Mitte) 25–30 Min. backen. Mit Basilikum garnieren. Dazu passt Ciabatta in Scheiben.

Für 2 Personen • 20 Min. Zubereitung • 20 Min. Backen • Pro Portion ca. 815 kcal, 53 g E, 62 g F, 11 g KH

BROKKOLI-HACK-AUFLAUF

HERBST-REZEPT

500 g Brokkoli
Salz
1 EL Rapsöl
300 g gemischtes Hackfleisch
3 TL Tomatenmark
Pfeffer
1 TL getrockneter Oregano
100 g Schmand
70 g geriebener Cheddar
1 Ei
2 EL gehackte Petersilie

1 Den Backofen auf 180° vorheizen. Den Brokkoli waschen, putzen und in Röschen schneiden. Große Röschen halbieren. Brokkoli in kochendem Salzwasser 2–3 Min. blanchieren. Abgießen, abtropfen und ca. 100 ml Kochwasser dabei auffangen.

2 Das Öl in einer großen Pfanne erhitzen. Hackfleisch darin bei starker Hitze 3–5 Min. krümelig anbraten. Tomatenmark einrühren. Aufgefangenes Kochwasser dazugeben und aufkochen. Mit Salz, Pfeffer und Oregano würzen.

3 Hackfleisch in eine Auflaufform (ca. 20 × 20 cm) füllen. Brokkoli auf dem Hack verteilen und flach andrücken. Schmand mit Cheddar und Ei verrühren. Mit Salz und Pfeffer würzen. Mischung auf dem Brokkoli verteilen. Im Ofen (Mitte) 15–20 Min. backen. Evtl. zum Schluss mit Backpapier zudecken. Mit Petersilie bestreuen.

Für 2 Personen • 20 Min. Zubereitung • 25 Min. Backen • Pro Portion ca. 300 kcal, 35 g E, 13 g F, 7 g KH

KABELJAU IN PAPIERHÜLLE

EINFACH

380 g Kabeljaufilet ohne Haut (z. B. Winterkabeljau Skrei)
100 g Lauch
1 Möhre (ca. 90 g)
40 g TK-Erbsen
½ Bund Dill
Salz, Pfeffer
40 g Kräuterbutter
4 EL Weißwein
2 Scheiben Bio-Zitrone
4 Bögen Backpapier (ca. 38 × 42 cm)
Küchengarn

1 Den Backofen auf 180° vorheizen. Fischfilet waschen, trocken tupfen und in 4 gleich große Stücke schneiden. Lauch putzen, waschen und in Streifen schneiden. Die Möhre schälen, waschen und in feine Streifen schneiden. Mit Lauch und Erbsen vermischen.

2 Dill waschen, trocken schütteln, abzupfen und fein schneiden. Für jedes Päckchen 2 Stück Backpapier (à 38 × 42 cm) aufeinanderlegen. Lauchmischung mittig darauf verteilen. Mit Salz und Pfeffer würzen. Je die Hälfte des Fischs mittig darauflegen. Mit Salz und Pfeffer würzen. Kräuterbutter würfeln.

3 Kräuterbutter, Wein und Zitronenscheiben auf dem Fisch verteilen. Etwas Dill zum Garnieren beiseitelegen, übrigen Dill auf den Fisch streuen. Backpapier über der Füllung falten, verschließen und mit Küchengarn zubinden. Auf einem Backblech im Ofen (Mitte) 20–25 Min. backen. Mit beiseitegelegtem Dill bestreuen.

Für 2 Personen • 20 Min. Zubereitung • 30 Min. Backen • Pro Portion ca. 670 kcal, 45 g E, 44 g F, 22 g KH

LACHS MIT FENCHELGEMÜSE

SOMMER-REZEPT

1 Bio-Orange
1 TL Honig
3 EL Olivenöl
2 Lachsfilets mit Haut, ohne Gräten (à ca. 200 g)
Salz, Pfeffer
2 Knollen Fenchel (à ca. 350 g)
2 Möhren (à ca. 100 g)
1 Zwiebel (ca. 100 g)
Fett für das Backblech

GUT ZU WISSEN
Lachsfilets mit Haut bleiben saftiger und zerfallen nicht so leicht. Den Fisch möglichst 30 Min. vor der Zubereitung aus dem Kühlschrank nehmen, damit er Zimmertemperatur annimmt und anschließend gleichmäßiger durchgart.

1 Den Backofen auf 180° vorheizen. Orange waschen, trocken tupfen und ca. 1 TL Schale abreiben. Orange quer halbieren, eine dünne Scheibe abschneiden, halbieren und beiseitelegen. Saft aus den Hälften auspressen. Honig, 1 EL Orangensaft und ½ EL Öl verrühren. Lachs abwaschen, trocken tupfen.

2 Lachs mit der Haut nach unten auf ein gefettetes Backblech legen. Mit Honigmischung bestreichen. Mit Salz und Pfeffer würzen. Je eine halbe Orangenscheibe auf den Fisch legen. Fenchel waschen, putzen und in Scheiben (ca. 1 cm dick) schneiden. Fenchelgrün beiseitelegen. Möhren waschen, schälen und schräg in Scheiben (ca. 1 cm dick) schneiden. Zwiebel schälen und in Spalten schneiden.

3 Zwiebel, Möhren, Fenchel, 2 ½ EL Olivenöl, Orangenschale und übrigen Orangensaft vermischen. Mit Salz und Pfeffer würzen. Die Gemüsemischung rund um den Lachs mit auf das Backblech legen. Im Ofen 25–30 Min. backen. Fisch mit Gemüse und beiseitegelegtem Fenchelgrün anrichten. Dazu passt geröstetes Baguette.

Für 2 Stück • 10 Min. Zubereitung • 20 Min. Backen • Pro Stück ca. 575 kcal, 33 g E, 26 g F, 51 g KH

WRAP-PIZZA MIT THUNFISCH

EINFACH

1 rote Zwiebel (ca. 80 g)
1 Knoblauchzehe
45 g Tomatenmark
1 EL Olivenöl
2 TL getrockneter Oregano
Salz, Pfeffer
2 Tortillas (Weizenfladen; ca. 24 ∅)
130 g abgetropfter Thunfisch im eigenen Saft (aus der Dose)
80 g geriebener Gouda
4 TL grünes Pesto (aus dem Glas)

HALTBARKEITS-TIPP
Wenn Sie Weizenfladen aus der Packung übrig haben: Die Fladen halten sich einige Tage in Frischhaltefolie gewickelt im Kühlschrank. Gut verpackt und mit Pergamentpapier dazwischen gelegt lassen sie sich auch wunderbar einfrieren.

1 Den Backofen auf 180° vorheizen. Die Zwiebel schälen und in dünne Spalten schneiden. Den Knoblauch schälen und durch eine Knoblauchpresse drücken.

2 Den Knoblauch mit dem Tomatenmark, dem Olivenöl, etwa 2 EL Wasser und dem Oregano glatt verrühren. Mit Salz und Pfeffer würzen. Jeden Tortillafladen auf ein eigenes Backblech legen. Die Tomatenmischung gleichmäßig darauf verstreichen, dabei ca. 1 cm Rand frei lassen.

3 Den Thunfisch grob zerzupfen. Die Tortillas mit Zwiebelspalten und Thunfisch belegen. Den geriebenen Gouda aufstreuen. Jede Wrap-Pizza im Ofen (Mitte) ca. 8–10 Min. backen. Bei Umluft können beide Bleche gleichzeitig in den Ofen. Wrap-Pizzen mit jeweils 2 TL Pesto beträufeln.

Für 2 Personen • 20 Min. Zubereitung • 25 Min. Backen • Pro Portion ca. 665 kcal, 37 g E, 39 g F, 36 g KH

ROTE-BETE-RAMEQUIN

AUS DER SCHWEIZ

4 Scheiben Vollkorn-Sandwichtoastbrot
150 g vorgegarte Rote Beten (vakuumverpackt)
½ Bund Frühlingszwiebeln
4 EL trockener Weißwein
4 Scheiben geräucherter Putenbrustaufschnitt
4 Scheiben Appenzeller
2 Eier
125 ml Milch
100 g Sahne
2 TL gehackter Thymian
Salz, Pfeffer
40 g geriebener Emmentaler
Fett für die Form

1 Den Backofen auf 180° vorheizen. Die Toastscheiben im Toaster rösten. Die Roten Beten in Scheiben schneiden. Die Frühlingszwiebeln waschen, putzen und in Ringe schneiden. Einige Frühlingszwiebelringe zum Garnieren beiseitelegen.

2 Die Toastscheiben jeweils mit 1 EL Weißwein beträufeln. Jede Scheibe mit je 1 Scheibe Putenbrustaufschnitt und 1 Scheibe Appenzeller belegen. Brotscheiben diagonal halbieren und mit der belegten Seite nach unten dachziegelartig in eine gefettete Auflaufform (ca. 18 × 28 cm) legen. Rote Beten und Frühlingszwiebeln dazwischen verteilen.

3 Die Eier mit Milch, Sahne und 1 TL Thymian verquirlen. Mit Salz und Pfeffer würzen. Eiermasse über den Auflauf gießen. Mit Emmentaler bestreuen. Im Ofen (Mitte) 20–25 Min. backen. Mit beiseitegelegten Frühlingszwiebeln und übrigem Thymian garnieren.

Für 2 Personen • 20 Min. Zubereitung • 30 Min. Backen • Pro Portion ca. 450 kcal, 28 g E, 28 g F, 20 g KH

CHICORÉE-SCHINKEN-GRATIN

HERBST-REZEPT

1 Zwiebel (ca. 70 g)
1 Apfel (ca. 125 g)
200 g Sahne
Salz, Pfeffer
frisch geriebene Muskatnuss
3 Chicorée (à ca. 150 g)
60 g Gruyère
6 Scheiben gekochter Schinken (à ca. 20 g)
3 Stängel Petersilie

1 Backofen auf 180° vorheizen. Die Zwiebel schälen und grob würfeln. Den Apfel schälen, vierteln, entkernen und grob würfeln. Apfel, Zwiebel und ca. 4 EL Wasser fein pürieren. Mit Sahne verrühren. Mit Salz, Pfeffer und 1 Prise Muskat würzen.

2 Den Chicorée waschen, von welken Blättern befreien und längs halbieren. Den Strunk der Länge nach keilförmig so herausschneiden, dass die Blätter nicht auseinanderfallen.

3 Den Gruyère grob reiben. Chicoréehälften mit je 1 Schinkenscheibe umwickeln. Chicorée mit der Schnittseite nach unten nebeneinander in eine Auflaufform (ca. 23 × 23 cm) legen und mit Sahnemischung begießen. Gruyère darauf verteilen. Im Ofen (Mitte) 25–30 Min. backen. Die Petersilie waschen, trocken schütteln, Blättchen abzupfen und hacken. Das Gratin mit Petersilie bestreuen. Dazu passt französisches Baguette.

Für 2 Personen • 20 Min. Zubereitung • 25 Min. Backen • Pro Portion ca. 540 kcal, 30 g E, 35 g F, 26 g KH

KARTOFFEL-TORTILLA MIT CHORIZO

AUS SPANIEN

260 g vorgegarte Pellkartoffeln (festkochend)
60 g Lauch
1 Knoblauchzehe
4 Eier
3 EL Milch
Salz, Pfeffer
½ TL süßes Paprikapulver
70 g Chorizo (spanische Salami)
30 g geriebener Manchego
50 g aufgetaute junge TK-Erbsen
1 EL Olivenöl
1 EL gehackte Petersilie

1 Backofen auf 180° vorheizen. Eine Pfanne (ca. 22 cm ∅) mit in den Ofen stellen. Die Kartoffeln vom Vortag pellen, längs halbieren und in Scheiben (ca. ½ cm dünn) schneiden. Den Lauch putzen, waschen und in Streifen schneiden.

2 Den Knoblauch schälen und durchpressen. Mit Eiern und Milch verrühren. Mit Salz, Pfeffer und Paprikapulver würzen. Chorizo in dünne Scheiben schneiden. Scheiben halbieren oder vierteln. Mit Kartoffeln, Lauch, Käse sowie aufgetauten Erbsen in einer Schüssel mischen. Mit Salz und Pfeffer würzen.

3 Die heiße Pfanne aus dem Ofen nehmen. Öl in der Pfanne verteilen. Kartoffel-Gemüse-Mischung in die Pfanne geben und flach andrücken. Eiermasse gleichmäßig darübergießen. Pfanne kurz rütteln. Im Ofen (Mitte) 20–25 Min. backen. Die Tortilla mit Petersilie bestreuen. Schmeckt warm mit Brot oder kalt, in Würfel geschnitten.

Für 2 Personen • 20 Min. Zubereitung • 30 Min. Backen • Pro Portion ca. 720 kcal, 26 g E, 52 g F, 32 g KH

GRÜNKOHL MIT KABANOSSI

WINTER-GERICHT

1 Zwiebel (ca. 80 g)
2 EL Sonnenblumenöl
450 g TK-Grünkohl (gehackt)
200 ml heiße Gemüsebrühe
350 g vorgegarte Pellkartoffeln (festkochend)
Salz, Pfeffer
150 g Kabanossi
1 EL mittelscharfer Senf
1 TL mildes Currypulver
50 g geriebener Scamorza (ital. Räucherkäse)

1 Den Backofen auf 180° vorheizen. Die Zwiebel schälen und in Würfel schneiden. 1 EL Öl in einem Topf erhitzen. Die Zwiebel darin 2–3 Min. andünsten. Den Grünkohl mit Brühe zugeben, aufkochen, unter Rühren auftauen und 5–10 Min. köcheln.

2 Die Kartoffeln pellen, längs vierteln und in Stücke schneiden. Kartoffeln und 1 EL Öl mischen. Mit Salz und Pfeffer würzen. Die Kabanossi in Würfel schneiden. Den Grünkohl mit Senf und Curry verrühren. Mit Salz und Pfeffer abschmecken.

3 Grünkohl in einer Auflaufform (ca. 23 × 23 cm) verteilen. Mit Kartoffelstücken belegen. Den Grünkohl ca. 30 Min. im vorgeheizten Ofen (Mitte) backen. Nach 15–20 Min. Backzeit den Auflauf aus dem Ofen nehmen. Kabanossi und Käse darauf verteilen. Grünkohl im Ofen ca. 10 Min. zu Ende backen.

BUBBLE-UP-PIZZA

FÜR GÄSTE

Für 4 Personen • 20 Min. Zubereitung • 30 Min. Backen • Pro Portion ca. 650 kcal, 27 g E, 36 g F, 51 g KH

160 g Mozzarella
2 Knoblauchzehen
2 EL Olivenöl
400 g stückige Tomaten (aus der Dose)
2 EL Tomatenmark
2 TL getrockneter Oregano
Salz, Pfeffer
250 g Salsiccia (ital. rohe Bratwurst; ersatzweise grobe rohe Bratwurst)
1 Dose Sonntagsbrötchen (ca. 400 g; 8 Stück; Kühlregal)
2 Stängel Oregano
Fett für die Form

GUT ZU WISSEN
Den fertigen Brötchenteig aus dem Kühlregal keinesfalls verkneten, da er sonst beim Backen nicht richtig aufgeht.

1 Den Backofen auf 180° vorheizen. Mozzarella abtropfen lassen und grob würfeln (Bild 1). Den Knoblauch schälen und durchpressen (Bild 2). Knoblauch, Öl, stückige Tomaten, Tomatenmark und Oregano vermischen. Mit Salz und Pfeffer würzen.

2 Salsiccia aus der Wursthaut drücken und grob zerteilen (Bild 3). Die Brötchendose nach Packungsanweisung öffnen. Teigstücke voneinander lösen und waagerecht mit einem Sägemesser halbieren. Die halbierten Teigscheiben jeweils in vier Stücke schneiden (Bild 4).

3 Teigstückchen, Wurst und Tomatensauce vermischen. Die Mischung flach in einer gefetteten ofenfesten Form (ca. 30 × 30 cm) verteilen (Bild 5). Die Teigstücke sollten nebeneinander und nicht aufeinander liegen. Alles mit Mozzarella belegen. Im Ofen (Mitte) ca. 30 Min. backen. Oregano waschen, trocken schütteln und die Blättchen abzupfen. Oregano aufstreuen und servieren (Bild 6).

VEGGIE & VEGAN

Für 2 Personen • 20 Min. Zubereitung • 30 Min. Backen • Pro Portion ca. 510 kcal, 21 g E, 36 g F, 32 g KH

OFENFETA AUF KÜRBISGEMÜSE

LOW CARB

½ Butternusskürbis (ca. 600 g)
1 Knoblauchzehe
5 TL Olivenöl
Salz, Pfeffer
380 g Tomaten
200 g Schafskäse (z. B. Feta)
2 Zweige Thymian

TAUSCH-TIPP
Der Butternusskürbis kann durch die gleiche Menge Hokkaidokürbis ersetzt werden. Da die Schale essbar ist, entfällt bei dieser Sorte das Schälen.

1 Den Backofen auf 200° vorheizen. Den Kürbis längs halbieren und schälen, die Fasern und Kerne entfernen. Das Fruchtfleisch in ca. 2,5 cm große Stücke schneiden. Den Knoblauch schälen und durch eine Knoblauchpresse direkt in 4 TL Öl drücken. Mit Salz und Pfeffer würzen. Die Kürbisstücke zugeben und alles gut vermischen. Die Kürbismischung in einer Auflaufform (ca. 15 × 20 cm) gleichmäßig verteilen und im Ofen (Mitte) 15–20 Min. backen.

2 Inzwischen die Tomaten waschen, von den Stielansätzen befreien und in schmale Spalten schneiden. Mit Salz und Pfeffer würzen. Den Schafskäse trocken tupfen und in vier gleich große Stücke schneiden. Den Thymian abbrausen und trocken schütteln, die Blätter abzupfen und hacken.

3 Die Form aus dem Ofen nehmen. Die Tomaten darauf verteilen und vorsichtig untermischen. Den Käse daraufsetzen und mit Thymian bestreuen. Mit übrigem Öl (1 TL) beträufeln und im Ofen weitere 10–15 Min. backen. Herausnehmen und das Gemüse mit dem Schafskäse auf Tellern anrichten.

Für 2 Personen • 20 Min. Zubereitung • 30 Min. Backen • Pro Portion ca. 285 kcal, 14 g E, 22 g F, 8 g KH

PILZ-SPINAT-SHAKSHUKA

GÜNSTIG

350 g weiße Champignons
1 Zwiebel (ca. 80 g)
1 Knoblauchzehe
3 EL Olivenöl
2 TL Tomatenmark
1 TL getrockneter Oregano
½ TL mildes Currypulver
Salz, Pfeffer
100 g portionierbarer TK-Würzspinat mit Zwiebeln
2 zimmerwarme Eier
1 TL gehackte Petersilie

1 Backofen auf 180° vorheizen. Eine ofenfeste Pfanne (ca. 22 cm ∅) mit in den Ofen stellen. Pilze putzen und grob hacken.

2 Die Zwiebel schälen und würfeln. Den Knoblauch schälen und durchpressen. Beides mit Öl, Tomatenmark, Oregano, Curry und ca. 5 EL heißem Wasser verrühren. Die Pilze untermischen. Mit Salz und Pfeffer würzen. Die heiße Pfanne vorsichtig aus dem Ofen nehmen. Die Pilzmischung und den Spinat (gefroren als Spinat-Pellets) darin verteilen, dabei möglichst flach andrücken. Pilzmischung im Ofen (Mitte) 15–18 Min. backen.

3 Die heiße Pfanne vorsichtig aus dem Ofen nehmen. Mit einem Löffel zwei Vertiefungen in die Pilz-Spinat-Shakshuka drücken. Die Eier einzeln aufschlagen und jeweils in eine Mulde gleiten lassen. Im Ofen (Mitte) 10–12 Min. stocken lassen. Mit Petersilie bestreuen. Dazu passt Fladenbrot.

Für 2 Personen • 20 Min. Zubereitung • 15 Min. Backen • Pro Portion ca. 560 kcal, 18 g E, 47 g F, 17 g KH

GEMÜSENUDELN MIT FETA

LOW CARB

3 Zucchini (ca. 600 g)
1 breite Möhre (ca. 160 g)
150 g Kirschtomaten
1 Knoblauchzehe
4 EL Olivenöl
1 TL getrockneter Majoran
½ TL edelsüßes Paprikapulver
100 g Schafskäse (z. B. Feta)
50 g schwarze Oliven (entsteint)
2 EL Sonnenblumenkerne
Salz, Pfeffer

1 Backofen auf 180° vorheizen. Zucchini waschen, die Enden abschneiden. Zucchini mit einem Spiralschneider in Streifen hobeln, diese kürzer schneiden. Möhre schälen, waschen und die Enden abschneiden. Möhre mit einem Spiralschneider in feine Streifen hobeln, diese kürzer schneiden.

2 Tomaten waschen, trocken tupfen und halbieren. Knoblauch schälen und mit einer Knoblauchpresse direkt in das Öl drücken. Majoran und Paprikapulver unterrühren. Schafskäse in Würfel schneiden. Oliven quer halbieren.

3 Zucchini, Möhre, Oliven und Würzöl in einer Schüssel vermischen. Mischung auf einem mit Backpapier belegten Backblech verteilen. Tomaten, Sonnenblumenkerne und Schafskäse darauf verteilen. Gemüsenudeln im Backofen (Mitte) 10–15 Min. garen. Mit Salz und Pfeffer würzen.

Für 6 Personen • 20 Min. Zubereitung • 18 Min. Backen • Pro Portion ca. 395 kcal, 14 g E, 26 g F, 27 g KH

SCONES MIT OFENKÄSE

FÜR GÄSTE

100 g Weizenmehl (Type 550)
80 g Dinkelmehl (Type 630)
20 g Buchweizenmehl
1 TL Backpulver
½ TL Natron
Salz
50 g weiche Butter
70 ml zimmerwarme Milch
1 zimmerwarmes Ei
2 TL gehackter Thymian
1 Packung Ofenkäse (ca. 320 g)
1 EL flüssiger Honig
Pfeffer

1 Den Backofen auf 200° vorheizen. Alle Mehlsorten, Backpulver, Natron und ca. ½ TL Salz mischen. Butter in Flöckchen zugeben. Alles mit den Händen streuselartig zerreiben.
60 ml Milch mit Ei und Thymian gut verquirlen, zugeben und alles kurz verkneten. Falls der Teig zu sehr klebt, noch etwas Mehl (Type 550) unterkneten.

2 Teig auf wenig Mehl 2–3 cm dick ausrollen. Mit einem Glas oder Keksausstecher Kreise (ca. 6 cm ∅) ausstechen. Dabei das Glas oder den Ausstecher nur runterdrücken, nicht drehen. Teigreste kurz verkneten, weitere Scones (insgesamt ca. 6 Stück) ausstechen.

3 Scones und Käse auf ein mit Backpapier belegtes Backblech legen. Die Scones mit ca. 10 ml Milch bestreichen und im Ofen (Mitte) 14–18 Min. backen. Den Ofenkäse nach Packungsangabe backen. Käse und Scones kurz ruhen lassen. Käse mit Honig beträufeln und mit Pfeffer bestreuen. Beides warm genießen.

GU CLOU

Der Ofenkäse und die Scones können ungefähr gleichzeitig in den Ofen, sind in einem Rutsch fertig und können zusammen serviert werden. Beides nur kurz etwas ruhen lassen, damit sich die Scones besser schneiden lassen und der Käse zum Genießen nicht zu heiß ist.

Für 1 Tarteform von 28 cm ∅ (8 Stücke) • 20 Min. Zubereitung • 30 Min. Backen •
Pro Stück ca. 300 kcal, 9 g E, 21 g F, 19 g KH

SPARGELTARTE MIT ERBSEN

FÜRS BUFETT

1 Packung frischer Quiche- und Tarteteig (300 g; ca. 32 cm ∅; Kühlregal)
270 g grüner Spargel
Salz
3 Frühlingszwiebeln
80 g TK-Erbsen
200 g Doppelrahmfrischkäse
3 Eier
3 TL gehackter TK-Dill
Pfeffer
frisch geriebene Muskatnuss
45 g geriebener Comté
Fett für die Form

1 Den Teig aus dem Kühlschrank nehmen. Den Spargel waschen und holzige Enden abschneiden. Stangen im unteren Drittel schälen. Sehr dicke Stangen evtl. längs halbieren. Spargel in kochendem Salzwasser 2–3 Min. blanchieren, abgießen und abtropfen lassen.

2 Den Backofen auf 180° vorheizen. Die Frühlingszwiebeln waschen, putzen und in Ringe schneiden. Den Teig aus der Packung nehmen und in eine gefettete Tarteform (ca. 28 cm ∅) legen. Den Teigrand am Formrand andrücken, den Boden öfter mit einer Gabel einstechen. Den Spargel, die Frühlingszwiebeln und die Erbsen darauf verteilen.

3 Den Frischkäse mit Eiern, Dill, Salz, Pfeffer und 1 Prise Muskat verrühren. Den Frischkäseguss über das Gemüse gießen. Mit Comté bestreuen. Die Tarte im Ofen (Mitte) ca. 30 Min. backen. Schmeckt warm und kalt.

Für 2 Personen • 20 Min. Zubereitung • 12 Min. Backen • Pro Portion ca. 500 kcal, 19 g E, 33 g F, 32 g KH

DUTCH BABY MIT PECORINO

AMERIKANISCH

60 g Mehl (Type 550)
5 g Stärke
Salz
100 ml Milch
2 Zweige Thymian
2 Eier
1 rote Spitzpaprika
150 g Zucchini
2 EL Öl
1 EL Butter
Pfeffer
40 g gehobelter Pecorino
Fett für die Form

1 Den Backofen auf 220° vorheizen. Eine ofenfeste Pfanne (23 cm ∅) mit in den Ofen stellen. Mehl, Stärke und ca. ½ TL Salz mit einem Schneebesen gut durchmischen. Mit Milch verrühren. Thymian waschen, trocken schütteln, die Blättchen abzupfen und hacken. Die Eier und zwei Drittel des Thymians unterrühren. Rest beiseitestellen.

2 Die Spitzpaprika waschen, halbieren, weiße Trennwände und Kerne entfernen und in Stücke schneiden. Zucchini waschen, putzen, längs halbieren und in Stücke schneiden. Paprika, Zucchini und 1 EL Öl vermischen und in einer gefetteten Auflaufform (so groß, dass sie neben der Pfanne für das Dutch Baby in den Ofen passt) verteilen.

3 Die heiße Pfanne vorsichtig aus dem Ofen nehmen. 1 EL Öl und die Butter darin erhitzen. Den Pfannkuchenteig in der Pfanne verteilen. Dutch Baby und Paprika-Zucchini-Gemüse 8–12 Min. im Ofen (Mitte) backen.

4 Dutch Baby mit Paprika und Zucchini belegen. Mit Salz und Pfeffer würzen. Mit gehobeltem Pecorino bestreuen. Mit übrigem Thymian garnieren.

GU **CLOU**

Bei dieser amerikanischen Pfannkuchenversion entfällt das Wenden und die Gemüsebeilage schmort gleich im Ofen mit. Wichtig: Die Backofentür verschlossen halten, sonst fällt der Teig leider schnell wieder zusammen.

Für 2 Personen • 20 Min. Zubereitung • 20 Min. Backen • Pro Portion ca. 585 kcal, 14 g E, 41 g F, 46 g KH

GRATINIERTER SPITZKOHL

VEGAN

1 Knoblauchzehe
5 EL Olivenöl
1 TL Agavendicksaft
1 TL mildes Currypulver
½ Spitzkohl (ca. 650 g)
400 g vorgegarte Pellkartoffeln (festkochend)
120 g vegane Frischkäsealternative (Cashewcreme)
10 g veganes Ajvar (Paprikapaste; aus dem Glas)
10 g grünes Pesto (aus dem Glas)
Salz
1 TL Pul Biber (scharfe türkische Paprikaflocken)

1 Backofen auf 180° vorheizen. Den Knoblauch schälen und durch eine Knoblauchpresse drücken. Knoblauch, 4 EL Olivenöl, Agavendicksaft und Currypulver mit einem Schneebesen glatt verrühren.

2 Spitzkohl putzen, waschen und in 4 Spalten schneiden. Ein Backblech mit übrigem Olivenöl (1 EL) bestreichen. Spitzkohl auf einer Backblechhälfte verteilen. Mit der Hälfte des Würzöls bestreichen. Pellkartoffeln nach Belieben pellen und in Spalten schneiden. Kartoffelspalten mit dem restlichen Würzöl vermischen und auf die andere Backblechhälfte legen. Im Ofen (Mitte) 15–20 Min. backen.

3 60 g Frischkäsealternative grob mit Ajvar verrühren. Übrige Frischkäsealternative grob mit Pesto verrühren. Beide Dips mit Salz abschmecken. Kartoffeln und Spitzkohl mit Salz und Pul Biber würzen. Mit Dips anrichten.

Für 2 Personen • 20 Min. Zubereitung • 30 Min. Backen • Pro Portion ca. 610 kcal, 17 g E, 24 g F, 78 g KH

NUDELTOPF MIT AUBERGINE

VEGAN

1 Aubergine (ca. 340 g)
Salz
2 Knoblauchzehen
4 EL Olivenöl
90 g Knollensellerie
1 rote Zwiebel
180 g vegane Kritharaki (griechische Nudeln in Reisform)
450 ml heiße Gemüsebrühe
220 g Kirschtomaten (mit Rispen)
50 g grüne Oliven (entsteint)
3 TL Tomatenmark
Pfeffer
2 EL Kapern

1 Backofen auf 180° vorheizen. Aubergine waschen, putzen und längs in ca. 1 cm dicke Scheiben schneiden. Salzen und ziehen lassen. Knoblauch schälen und ins Öl pressen. Sellerie schälen, reiben und 60 g abwiegen. Zwiebel schälen und in Spalten schneiden.

2 Nudeln, Brühe und Sellerieraspel in einer Auflaufform (ca. 18 × 30 cm) mischen. Aubergine trocken tupfen und würfeln (ca. 1 × 1 cm). Mit Zwiebel und Knoblauchöl mischen. Auberginenmischung gleichmäßig auf den Nudeln verteilen. Im Ofen (Mitte) ca. 30 Min. garen.

3 Tomaten waschen und trocken tupfen. Oliven quer halbieren. Nach ca. 20 Min. den Nudeltopf herausnehmen. Ca. 4 EL heißes Wasser und Tomatenmark verrühren, zugeben und alles durchmischen. Mit Salz und Pfeffer würzen. Oliven, Kapern und Tomaten samt Rispe darauf verteilen. In ca. 10 Min. zu Ende backen.

Für 2 Personen • 20 Min. Zubereitung • 25 Min. Backen • Pro Portion ca. 470 kcal, 29 g E, 24 g F, 35 g KH

SAUERKRAUTFLECKERL

HERBST-REZEPT

1 Packung mildes 2-Minuten-Sauerkraut (350 g Abtropfgewicht)
150 g geräucherter Tofu
1 Möhre (ca. 90 g)
3 Frühlingszwiebeln
1 TL getrockneter Majoran
60 g Schmand
Salz
Pfeffer
½ TL edelsüßes Paprikapulver
200 g frische Tagliatelle (Kühlregal)
150 ml Gemüsebrühe
50 g geriebener Bergkäse
1 EL Schnittlauchröllchen

1 Backofen auf 180° vorheizen. Das Kraut samt Flüssigkeit in eine Schale füllen. Den Tofu würfeln (ca. 1 cm). Die Möhre schälen, waschen und grob raspeln. Die Frühlingszwiebeln waschen, putzen und in Stücke (ca. 1 cm breit) schneiden.

2 Tofu, Möhre, Frühlingszwiebeln, Majoran und Schmand mit Kraut vermischen. Mit Salz, Pfeffer und Paprika würzen. Die Nudeln in kurze Stücke schneiden und in einer gefetteten Auflaufform (ca. 18 × 26 cm) verteilen. Brühe darübergießen. Kraut-Tofu-Mix gleichmäßig auf den Nudeln verteilen, Oberfläche glatt streichen.

3 Sauerkrautfleckerl im Backofen (Mitte) 20–25 Min. garen. Nach ca. 10 Min. herausnehmen, Zutaten in der Form gut durchmischen und leicht andrücken. Mit Käse bestreuen und in 10–15 Min. zu Ende garen. Mit Schnittlauch bestreuen.

Für 2 Personen • 20 Min. Zubereitung • 30 Min. Backen • Pro Portion ca. 735 kcal, 29 g E, 27 g F, 95 g KH

GNOCCHI ALLA SORRENTINA

AUS ITALIEN

1 Zwiebel (ca. 70 g)
1 Knoblauchzehe
320 g passierte Tomaten (aus dem Glas)
5 Stängel Basilikum
1 TL getrockneter Oregano
1 TL Agavendicksaft
Salz
Pfeffer
125 g Mozzarella
30 g Parmesan
2 EL Olivenöl
450 g frische Gnocchi (Kühlregal)

1 Backofen auf 180° vorheizen. Eine ofenfeste Pfanne (22–23 cm ∅) mit in den Ofen stellen. Die Zwiebel und den Knoblauch schälen und grob würfeln. Mit den passierten Tomaten in einem hohen Rührbecher fein pürieren.

2 Basilikum waschen, trocken schütteln und Blättchen abzupfen. Die Hälfte in Streifen schneiden. Übrige Blättchen zugedeckt beiseitelegen. Die passierten Tomaten mit Basilikumstreifen, Oregano und Agavendicksaft verrühren. Mit Salz und Pfeffer würzen. Mozzarella in Würfel schneiden. Parmesan reiben.

3 Die heiße Pfanne vorsichtig aus dem Ofen nehmen. Öl und Gnocchi vermischen und in der Pfanne verteilen. Im Ofen (Mitte) ca. 10 Min. backen. Pfanne herausnehmen. Erst Tomatensauce auf den Gnocchi verteilen, dann Mozzarella und Parmesan. 15–20 Min. im Ofen weiterbacken. Mit beiseitegelegtem Basilikum bestreuen.

Für 2 Personen • 20 Min. Zubereitung • 30 Min. Backen • Pro Portion ca. 445 kcal, 22 g E, 30 g F, 22 g KH

GEFÜLLTE PAPRIKAHÄLFTEN

HERZHAFT

1 rote Paprika (ca. 160 g)
1 gelbe Paprika (ca. 160 g)
1 mehligkochende Kartoffel (ca. 80 g)
3 Frühlingszwiebeln
2 EL TK-Erbsen
70 g geriebener Gouda
2 EL Semmelbrösel
1 Ei
140 g Doppelrahmfrischkäse mit Kräutern
Salz
Pfeffer
Fett für die Form

GUT ZU WISSEN
Rote, orange und gelbe Paprika werden ausgereift geerntet und sind deutlich süßer und aromatischer als grüne Exemplare. Da Gemüsepaprika kälteempfindlich ist, lagert man sie besser nicht im Kühlschrank.

1 Den Backofen auf 180° vorheizen. Paprika waschen, längs halbieren und weiße Trennwände und Kerne entfernen. Den Strunk nicht abschneiden. Die Kartoffel schälen, waschen, trocken tupfen und grob reiben. Die Frühlingszwiebeln waschen, putzen und in Ringe schneiden.

2 Einige Frühlingszwiebelringe zum Garnieren beiseitelegen. Übrige Frühlingszwiebelringe, Kartoffel, Erbsen, Gouda, Semmelbrösel, Ei und 60 g Frischkäse verrühren. Mit Salz und Pfeffer würzen.

3 Paprikahälften mit der Käsemischung füllen und in einer gefetteten Auflaufform (ca. 18 × 18 cm) verteilen. Ca. 100 ml Wasser mit in die Auflaufform gießen. Die Paprikahälften im Ofen (Mitte) 25–30 Min. backen. Mit beiseitegelegten Frühlingszwiebeln belegen. 80 g Frischkäse mit etwas Wasser cremiger rühren, als Dip dazureichen.

Für 2 Personen • 20 Min. Zubereitung • 25 Min. Backen • Pro Portion ca. 365 kcal, 15 g E, 4 g F, 62 g KH

KITCHARI

VEGAN

1 Dose Azukibohnen (240 g Abtropfgewicht)
1 Knoblauchzehe
300 ml Kokosmilch
10 g Ingwer
1 TL Garam Marsala
½ TL gemahlene Kurkuma
Salz, Pfeffer
3 Stängel Koriandergrün
150 g Kirschtomaten
200 g Zucchini
120 g angetauter TK-Blattspinat
1 Pck. 2-Minuten-Express-Basmatireis (250 g)

1 Backofen auf 180° vorheizen. Bohnen in ein Sieb abgießen, abbrausen und abtropfen lassen. Knoblauch schälen und in die Kokosmilch pressen. 100 ml Wasser dazugießen. Ingwer schälen, sehr fein hacken und unterrühren. Mit Garam Marsala, Kurkuma, Salz und Pfeffer würzen.

2 Koriander waschen, trocken schütteln und Blättchen abzupfen. Tomaten waschen, trocken tupfen und halbieren. Zucchini waschen, putzen, längs halbieren und in Würfel schneiden. Angetauten Spinat grob durchhacken. Den Reis im Beutel etwas durchkneten.

3 Reis, Bohnen, Tomaten, Zucchini und Spinat in einer Auflaufform (ca. 18 × 30 cm) verteilen. Kokosmilch-Gewürz-Mischung darübergießen, alles grob durchmischen. Im Ofen (Mitte) 20–25 Min. backen. Kitchari anrichten und mit Koriander garnieren.

Für 2 Personen • 20 Min. Zubereitung • 15 Min. Backen • Pro Portion ca. 650 kcal, 15 g E, 35 g F, 69 g KH

PAPRIKAFLAMMKUCHEN

VEGAN

1 Packung frischer veganer Flammkuchenteig (260 g; ca. 24 × 40 cm; Kühlregal)
1 rote Spitzpaprika (ca. 130 g)
1 rote Zwiebel (ca. 100 g)
2 EL Olivenöl
1 Knoblauchzehe
100 g vegane Crème-fraîche-Alternative
30 g rotes Pesto (vegan)
Salz, Pfeffer
30 g Rucola

1 Den Backofen auf 220° vorheizen. Den Teig auf einem Backblech entrollen. Die Paprika waschen, halbieren, weiße Trennwände und Kerne entfernen und in sehr dünne Ringe schneiden. Die Zwiebel schälen und in sehr dünne Ringe schneiden. Paprika- und Zwiebelringe mit Öl vermischen.

2 Den Knoblauch schälen und direkt in die Crème-fraîche-Alternative pressen. Das Pesto unterrühren. Mit Salz und Pfeffer würzen. Pestomischung auf dem Flammkuchenteig verstreichen. Dabei einen ca. 1 cm breiten Rand rundum frei lassen. Teig gleichmäßig mit Paprika und Zwiebel belegen. Den Flammkuchen 10–15 Min. im vorgeheizten Ofen (unten) backen.

3 Den Rucola verlesen, waschen, trocken schütteln und von groben Stielen befreien. Flammkuchen mit Rucola bestreuen.

Für 2 Personen • 20 Min. Zubereitung • 20 Min. Backen • Pro Portion ca. 435 kcal, 13 g E, 28 g F, 30 g KH

WARMER BLUMENKOHLSALAT

VEGAN

120 g Kichererbsen (aus dem Glas)
430 g Blumenkohl
1 Möhre (ca. 130 g)
1 Knoblauchzehe
4 EL Olivenöl
1 TL mildes Currypulver
30 g Cashewkerne
2 EL Zitronensaft
1 TL Agavendicksaft (ersatzweise Ahornsirup)
Salz, Pfeffer
1 EL grob gehackte Petersilie
2 EL Granatapfelkerne

1 Den Backofen auf 180° vorheizen. Die Kichererbsen in ein Sieb abgießen, kalt abbrausen und gut abtropfen lassen. Den Blumenkohl putzen. Die Röschen vom Strunk schneiden, waschen, gut abtropfen lassen und je nach Größe längs halbieren oder vierteln. Die Möhre schälen, waschen, längs halbieren und in Stücke (ca. 1,5 cm breit) schneiden.

2 Den Knoblauch schälen und direkt ins Öl pressen. Currypulver unterrühren. Mit Kichererbsen, Blumenkohl, Möhre und Cashewkernen vermischen. Auf einem Backblech verteilen. Gemüsemischung im Ofen (Mitte) 15–20 Min. backen. Gemüsemischung kurz abkühlen lassen.

3 Zitronensaft mit Agavendicksaft verrühren. Mit Salz und Pfeffer würzen. Gemüse mit angerührtem Zitronensaft vermischen. Mit Salz und Pfeffer abschmecken. Mit Petersilie und Granatapfelkernen bestreuen.

GU
CLOU

Der Salat schmeckt heiß, warm oder kalt und ist ausgekühlt perfekt für Meal Prepping, also zum Vorkochen. In einer verschließbaren Vorratsbox hält er sich im Kühlschrank mindestens 1 Tag.

SÜSSES AUS DEM OFEN

Für 1 Springform von 20 cm ∅ (8 Stücke) • 20 Min. Zubereitung • 30 Min. Backen •
Pro Stück ca. 265 kcal, 3 g E, 11 g F, 38 g KH

HEIDELBEER-STREUSEL-KUCHEN

VEGAN

125 g angetaute TK-Heidelbeeren
30 g Heidelbeerkonfitüre
½ TL abgeriebene Bio-Zitronenschale
180 g Dinkelmehl (Type 630)
20 g zarte Haferflocken
120 g Rohrohrzucker
Salz
½ TL Backpulver
100 g weiche vegane Margarine
1 TL Puderzucker
Fett für die Form

1 Den Backofen auf 180° vorheizen. Die Heidelbeeren mit Konfitüre und Zitronenschale verrühren. Das Mehl, die Haferflocken, den Rohrohrzucker, 1 Prise Salz und das Backpulver in eine Rührschüssel füllen und mit einem Schneebesen gut durchmischen. Die Margarine dazugeben und alles mit den Händen zu Streuseln verkneten.

2 Eine Springform (20 cm ∅) fetten. Etwa zwei Drittel der Streusel als Boden und kleinen Rand andrücken. Boden öfter mit einer Gabel einstechen. Heidelbeermischung auf dem Boden verteilen. Dabei einen Rand (ca. 1 cm) frei lassen. Mit übrigen Streuseln belegen. Heidelbeer-Streusel-Kuchen im Ofen (Mitte) ca. 30 Min. backen.

3 Auf einem Kuchengitter in der Form auskühlen lassen. Vor dem Servieren mit Puderzucker bestäuben.

Für 2 Personen • 20 Min. Zubereitung • 25 Min. Backen • Pro Portion ca. 555 kcal, 8 g E, 29 g F, 66 g KH

APPLE-COBBLER

AUS AMERIKA

250 g Äpfel
50 g Zucker
1 EL Zitronensaft
½ TL Zimtpulver
65 g Mehl (Type 550)
20 g gemahlene Walnüsse
½ TL Backpulver
¼ TL Natron
Salz
1 Eigelb
40 g weiche Butter
30 g Sahnejoghurt
Butter für die Form

1 Den Backofen auf 180° vorheizen. Die Äpfel schälen, vierteln und das Kerngehäuse herausschneiden. Apfelviertel in kleine Würfel schneiden. Apfelwürfel mit 10 g Zucker, Zitronensaft und Zimt vermischen. Eine Auflaufform (ca. 14 × 16 cm) mit Butter ausstreichen und die Mischung in der Auflaufform verteilen.

2 Mehl, Walnüsse, Backpulver, Natron, 1 Prise Salz und 40 g Zucker mit einem Schneebesen gut durchmischen. Eigelb, Butter sowie Joghurt zugeben und kurz unterrühren. Masse mithilfe von zwei Esslöffeln in Klecksen auf der Apfel-Zucker-Mischung verteilen. Im Ofen (Mitte) 20–25 Min. backen. Apple-Cobbler lauwarm oder kalt servieren. Dazu passt Vanilleeis.

Für 12 Stück • 20 Min. Zubereitung • 20 Min. Backen • Pro Stück ca. 270 kcal, 7 g E, 11 g F, 36 g KH

KIRSCH-MANDEL-SCHNECKEN

FÜR KINDER

300 g Mehl (Type 550)
80 g Zucker
Salz
1 Päckchen Backpulver
150 g Magerquark
7 EL neutrales Öl (z. B. Sonnenblumenöl)
6–7 EL Milch
200 g Kirschkonfitüre
50 g gemahlene Mandeln ohne Haut
40 g gehackte Mandeln
Fett für die Form
12er Muffinform

1 Den Backofen auf 180° vorheizen. Das Mehl mit dem Zucker, 1 Prise Salz und dem Backpulver in einer Rührschüssel gut vermischen. Quark, Öl und Milch zugeben. Alles erst kurz mit den Knethaken des Handrührgeräts verkneten, dann mit den Händen.

2 Den Quark-Öl-Teig auf der leicht bemehlten Arbeitsfläche rasch rechteckig (ca. 25 × 36 cm) ausrollen. Den Teig mit der Kirschkonfitüre bestreichen. Die gemahlenen und die gehackten Mandeln gleichmäßig darauf verteilen.

3 Das Teigrechteck von einer langen Seite her aufrollen und in 12 Scheiben (je ca. 3 cm breit) schneiden. Die Scheiben in die gefetteten Mulden einer Muffinform verteilen. Im Ofen (Mitte) ca. 20 Min. backen. In der Form ca. 5 Min. ruhen lassen, dann herauslösen und auf einem Kuchengitter vollständig auskühlen lassen.

Für 2 Personen • 15 Min. Zubereitung • 20 Min. Backen • Pro Portion ca. 215 kcal, 10 g E, 7 g F, 26 g KH

QUARK-SOUFFLÉ MIT ORANGE

MIT ALKOHOL

1 Bio-Orange (ca. 220 g)
1 TL Orangenlikör (z. B. Grand Marnier)
1 Ei
80 g Quark (20 % Fett i. Tr.)
1 TL Stärke
½ TL Vanillemark
20 g Zucker
1 Prise Salz
1 TL Puderzucker
Fett und Zucker für die Formen

1 Den Backofen auf 180° vorheizen. Zwei ofenfeste Förmchen (ca. 9 cm ∅) fetten und mit Zucker ausstreuen. Orange waschen, trocken tupfen, 1 TL Schale abreiben. Orange so schälen, dass auch die weiße Haut entfernt wird. Die Filets zwischen den Trennhäuten herausschneiden und mit Likör mischen.

2 2 Orangenfilets zum Verzieren beiseitelegen. Übrige Filets in den Förmchen verteilen. Ei trennen. Eigelb, Quark, Stärke, Vanillemark, 10 g Zucker und abgeriebene Schale verrühren. Eiweiß, 10 g Zucker und Salz steif schlagen. Eischnee unter den Quark heben. Soufflémasse in die Förmchen füllen.

3 Förmchen in eine große Auflaufform stellen. So viel kochendes Wasser angießen, dass die Förmchen zu ca. einem Drittel im Wasser stehen. Im Ofen (Mitte) ca. 20 Min. backen. Mit Puderzucker und beiseitegelegten Orangenfilets verzieren. Sofort servieren.

*Für 1 Springform von 26 cm ∅ (12 Stücke) • 20 Min. Zubereitung • 30 Min. Backen •
Pro Stück ca. 235 kcal, 3 g E, 13 g F, 25 g KH*

UPSIDE-DOWN-TORTE

EXOTISCH

7 leicht gezuckerte Scheiben Ananas (aus der Dose)
7 Cocktailkirschen (aus dem Glas)
150 g weiche Butter
100 g Zucker
Salz
3 Eier
130 g Mehl (Type 550)
20 g Speisestärke
1 ½ TL Backpulver
2 EL Kokosraspel (ersatzweise gemahlene Nüsse)
Fett und Zucker für die Form

1 Den Backofen auf 180° vorheizen. Die Ananasscheiben abtropfen lassen und mit Küchenpapier trocken tupfen. Die Springform am Boden mit Backpapier auslegen. Den Boden und den Rand fetten. Den Boden mit etwas Zucker ausstreuen. Den Formboden mit Ananasscheiben auslegen. In die Mitte jeder Scheibe 1 Kirsche legen.

2 Butter, Zucker und 1 Prise Salz cremig verrühren. Die Eier nacheinander je ca. 30 Sek. unterrühren. Das Mehl mit der Stärke und dem Backpulver vermischen und mit Kokosraspeln kurz unter den Teig rühren.

3 Den Teig auf den Ananasscheiben verteilen und glatt verstreichen. Den Kuchen im Ofen (Mitte) ca. 30 Min. backen. Herausnehmen, ca. 15 Min. abkühlen lassen und den Kuchenrand mit einem spitzen Messer von der Form lösen. Formrand entfernen. Eine Kuchenplatte auf den Kuchen legen. Kuchen mit der Platte vorsichtig umdrehen, Formboden und Papier abnehmen. Upside-Down-Torte auskühlen lassen.

Für 2 Personen • 20 Min. Zubereitung • 25 Min. Backen • Pro Portion ca. 465 kcal, 12 g E, 19 g F, 60 g KH

BAKED OATMEAL

VEGAN

20 g Mandeln
1 reife Banane (ca. 90 g Fruchtfleisch)
100 g zarte Haferflocken
2 TL Carobpulver
2 EL Agavendicksaft (ersatzweise Ahornsirup)
200 ml ungesüßter Mandeldrink
1 TL Backpulver
100 g TK-Himbeeren
2 EL Kokoschips
Fett für die Form

1 Backofen auf 180° vorheizen. Die Mandeln grob hacken. Die Banane schälen, in Stücke schneiden und in einen hohen Rührbecher füllen. 65 g Haferflocken, Carobpulver und Agavendicksaft zugeben.

2 Die Haferflockenmischung mit dem Mandeldrink und der Banane fein pürieren. Die gehackten Mandeln, 35 g Haferflocken und Backpulver gut durchmischen und unterrühren.

3 Eine Auflaufform (ca. 15 × 20 cm) fetten. Die Hafer-Mandel-Mischung darin verteilen. Mit Himbeeren und Kokoschips belegen. Oatmeal im Ofen (Mitte) 20–25 Min. backen. Evtl. mit etwas Agavendicksaft beträufeln.

*Für 1 Form ca. 20 × 20 cm (10 Stück) • 20 Min. Zubereitung • 30 Min. Backen •
Pro Stück ca. 290 kcal, 5 g E, 16 g F, 30 g KH*

KI-BA-FLAPJACKS

BALLASTSTOFFREICH

70 g getrocknete gesüßte Kirschen (ersatzweise getrocknete Soft-Aprikosen oder Soft-Pflaumen)
2 reife Bananen
250 g zarte Haferflocken
30 g gemahlene Mandeln
Salz
½ TL Zimtpulver
150 g weiche Butter
80 g Agavendicksaft

1 Backofen auf 180° vorheizen. Die Kirschen in kleine Stücke schneiden. Die Bananen schälen. 200 g Fruchtfleisch abwiegen und mit einer Gabel sehr fein zerdrücken. Haferflocken, Mandeln, 1 Prise Salz und Zimt in einer Schüssel gut durchmischen.

2 Kirschen, zerdrückte Bananen, Butter und Agavendicksaft mit in die Schüssel geben. Alles mit den Rührbesen des Handrührgeräts gut vermischen. Masse in einer mit Backpapier ausgelegten Auflaufform (ca. 20 × 20 cm) verteilen.

3 Masse mit einem Esslöffel oder einem Teigschaber flach andrücken. Im Ofen (Mitte) ca. 30 Min. backen. Masse etwas abkühlen lassen, aber noch warm in ca. 10 rechteckige Riegel schneiden. Auskühlen lassen.

Für 2 Personen • 10 Min. Zubereitung •
25 Min. Backen •
Pro Portion ca. 445 kcal, 7 g E, 24 g F, 46 g KH

BRATÄPFEL MIT MARZIPAN

EINFACH

2 Bio-Äpfel (à ca. 160 g; z. B. Boskop oder Elstar) • 4 TL Zitronensaft • 80 g Marzipanrohmasse • 1 EL weiche Butter • ½ TL Zimtpulver • 2 EL gesüßte Soft-Cranberrys • 2 EL grob gehackte Cashewkerne

1 Backofen auf 180° vorheizen. Äpfel waschen, trocken tupfen und halbieren. Kerngehäuse erst mit einem Messer herausschneiden, dann Äpfel mit einem Teelöffel weiter aushöhlen. Schnittflächen mit je 1 TL Zitronensaft bestreichen.

2 Marzipanrohmasse grob reiben. Butter und Zimt unterkneten. Cranberrys grob hacken. Mit Cashewkernen unterkneten. Äpfel mit der Vertiefung nach oben in eine Auflaufform (ca. 17 × 17 cm) legen. Füllung in den Äpfeln verteilen und andrücken. Ca. 60 ml heißes Wasser mit in die Form gießen. Äpfel im Ofen (Mitte) ca. 25 Min. backen. Dazu passt Vanillesauce.

Für 2 Personen • 15 Min. Zubereitung •
25 Min. Backen •
Pro Portion ca. 285 kcal, 6 g E, 6 g F, 47 g KH

RHABARBER-KOMPOTT

FRÜHLINGS-REZEPT

600 g Rhabarber (möglichst rotstieliger) • 150 g Erdbeeren • 1 Bio-Orange (ca. 240 g) • 70 g Honig • 2 EL geröstete Mandelblättchen

1 Ofen auf 180° vorheizen. Rhabarber waschen, holzige Enden abschneiden. Wenn sich dabei Fäden lösen, gleich der ganzen Länge nach abziehen. Stangen in 2–3 cm lange Stücke schneiden. Erdbeeren waschen, putzen, klein schneiden. Orange waschen, trocken tupfen, 1 TL Schale abreiben. Saft auspressen.

2 Erdbeeren, Orangensaft und -schale pürieren. Honig darin auflösen. Fruchtpüree mit Rhabarber in einer Auflaufform (ca. 18 × 30 cm) vermischen. Im heißen Ofen (Mitte) ca. 25 Min. mit Backpapier zugedeckt backen. Nach der Hälfte der Backzeit durchrühren und ohne Backpapier zu Ende backen. Mandeln aufstreuen.

Für 2 Personen • 10 Min. Zubereitung • 15 Min. Backen • Pro Portion ca. 225 kcal, 3 g E, 8 g F, 35 g KH

GEBACKENE GRAPEFRUIT

VEGAN

2 rosa Bio-Grapefruits • 2 TL gehackter Ingwer • 1 TL Zimtpulver • 2 EL Ahornsirup • 2 TL Rohrohrzucker • 2 TL Kokosöl • 4 TL Sojajoghurt • 2 TL gehackte Pistazien

1 Den Backofen auf 200° vorheizen. Die Grapefruits waschen, trocken tupfen und waagerecht halbieren. Das Fruchtfleisch mit einem Messer von der Schale lösen. Die Fruchthälften mit dem Fruchtfleisch nach oben so in eine passende Auflaufform legen, dass sie waagerecht stehen bleiben und nicht umkippen können.

2 Den Ingwer schälen und fein hacken. Den Ingwer mit Zimt, Ahornsirup, Zucker und Kokosöl vermischen. Mischung auf den Früchten verteilen. Im Ofen (Mitte) 10–15 Min. backen. Mit je 1 TL Sojajoghurt und Pistazien servieren.

Für 2 Personen • 10 Min. Zubereitung • 30 Min. Backen • Pro Portion ca. 480 kcal, 11 g E, 18 g F, 57 g KH

ZWETSCHGEN-RÖSTER

MIT ALKOHOL

500 g TK-Pflaumen • 80 ml trockener Rotwein (ersatzweise dunkler Traubensaft) • 50 g Puderzucker • ½ TL gemahlener Kardamom • 200 g Ricotta • 2 EL Walnusskernhälften

1 Backofen auf 180° vorheizen. Die Pflaumen in einer Auflaufform (ca. 23 × 23 cm) verteilen. Den Rotwein in ein Schälchen gießen. Zucker sowie Kardamom zugeben und alles so lange mit einem Schneebesen verrühren, bis sich der Zucker aufgelöst hat.

2 Pflaumen mit der Mischung beträufeln und kurz durchmischen. Pflaumen ca. 30 Min. im vorgeheizten Ofen (Mitte) backen. Nach ca. 15 Min. Backzeit einmal kurz durchrühren und zu Ende backen. Ricotta mit Löffeln zu Nocken abstechen und mit dem Zwetschgenröster anrichten. Mit Walnüssen belegen.

REGISTER

Vegetarische Rezepte, die im Buch mit einem ● gekennzeichnet sind, sind hier grün abgesetzt.

Abkürzungsverzeichnis:
E = Eiweiß
EL = Esslöffel (gestrichen)
F = Fett
kcal = Kilokalorien
KH = Kohlenhydrate
Msp. = Messerspitze
Pck. = Päckchen
TK = Tiefkühl
TL = Teelöffel (gestrichen)
Ø = Durchmesser

QUALITÄTS G|U GARANTIE

LIEBE LESERINNEN UND LESER,

wir wollen Ihnen mit diesem Buch Informationen und Anregungen geben, um Ihnen das Leben zu erleichtern oder Sie zu inspirieren, Neues auszuprobieren. Wir achten bei der Erstellung unserer Bücher auf Aktualität und stellen höchste Ansprüche an Inhalt und Gestaltung. Alle Anleitungen und Rezepte werden von unseren Autoren, jeweils Experten auf ihren Gebieten, gewissenhaft erstellt und von unseren Redakteur*innen mit größter Sorgfalt ausgewählt und geprüft.

Haben wir Ihre Erwartungen erfüllt? Sind Sie mit diesem Buch und seinen Inhalten zufrieden? Wir freuen uns auf Ihre Rückmeldung. Und wir freuen uns, wenn Sie diesen Titel weiterempfehlen, in Ihrem Freundeskreis oder bei Ihrem Online-Kauf.

Sollten wir Ihre Erwartungen so gar nicht erfüllt haben, tauschen wir Ihnen Ihr Buch jederzeit gegen ein gleichwertiges zum gleichen oder ähnlichen Thema um.

KONTAKT ZUM LESERSERVICE

GRÄFE UND UNZER VERLAG
Grillparzerstraße 12
81675 München
www.gu.de

IMPRESSUM

G|U

GU ist eine eingetragene Marke der GRÄFE UND UNZER VERLAG GmbH, www.gu.de

ISBN 978-3-8338-9046-8
2. Auflage 2023

Projektleitung: Monika Greiner
Lektorat: Margarethe Brunner
Korrektorat: Waltraud Schmidt
Gesamtgestaltung: independent Medien-Design, München
Umschlaggestaltung: ki36 Editorial Design, Sabine Krohberger, München
Herstellung: Gloria Schlayer
Satz: Eberl & Koesel Studio GmbH
Reproduktion: medienprinzen GmbH
Druck und Bindung: Firmengruppe APPL, aprinta druck, Wemding
Printed in Germany

Bildnachweis:
Mathias Neubauer: S. 06-59 und Stepfotos auf den Klappen
Coco Lang: S. 01, 05 und Stilleben auf den Klappen
Maria Grossmann und Monika Schürle: Cover privat: S. 04 Autorenfoto

Umwelthinweis:
Nachhaltigkeit ist uns sehr wichtig. Der Rohstoff Papier ist in der Buchproduktion hierfür von entscheidender Bedeutung. Daher ist dieses Buch auf PEFC-zertifiziertem Papier gedruckt. PEFC garantiert, dass ökologische, soziale und ökonomische Aspekte in der Verarbeitungskette unabhängig überwacht werden und lückenlos nachvollziehbar sind.

Syndication: www.seasons.agency

Die GU-Homepage finden Sie unter www.gu.de

GRÄFE UND UNZER
Ein Unternehmen der
GANSKE VERLAGSGRUPPE